NARVAL

UNICORNIO MARINO

BEN CLANTON

EDITORIAL
JUVENTUD

PARA ENYA
ALIAS NUNU, ALIAS MEDUSA–TALISMÁN,
ALIAS SIRENACORNIO

Título original: NARVAL: UNICORN OF THE SEA
Tundra Books, división de Penguin Random House (Canadá)
© del texto y de las ilustraciones: Ben Clanton, 2016

Publicado con el acuerdo de Gallt and Zacker Literary Agency LLC
© de la traducción española:
EDITORIAL JUVENTUD, S. A., 2018
Provença, 101 - 08029 Barcelona
info@editorialjuventud.es
www.editorialjuventud.es
Traducción de Teresa Farran y Mar Zendrera
Maquetación de Mercedes Romero

Primera edición, 2018
Segunda edición, 2018

ISBN 978-84-261-4511-6
DL B 5055-2018
Núm. de edición de E. J.: 13.680

Fotografías: (gofre) © Tiger Images/Shutterstock; (fresa) © Valentina Razumova/Shutterstock

Printed in Spain
Impreso por Impuls 45, Granollers (Barcelona)

Editorial EJ Juventud
Provença, 101 – 08029 Barcelona

CONTENIDO

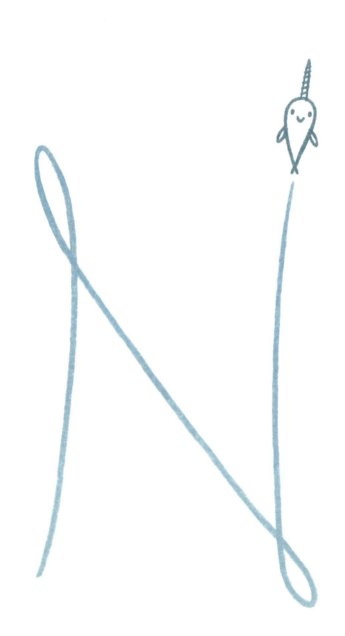

NARVAL ES REALMENTE INCREÍBLE

UN DÍA QUE NARVAL SALIÓ A NADAR, SE ENCONTRÓ EN AGUAS DESCONOCIDAS.

¡UAU! ¡¿TÚ QUÉ ERES?!

¿YO? ¡SOY **NARVAL** EL NARVAL!

¿UN NARVAL?

¡SIP!

¡UN UNICORNIO MARINO!

¡NO PUEDO CREERLO!
LO QUE ESTOY IMAGINANDO
ESTÁ IMAGINANDO QUE
ME ESTÁ IMAGINANDO.

¡DEMUÉSTRAMELO!

¿QUE DEMUESTRE QUÉ?

¡DEMUÉSTRA QUE ERES REAL!

¿TÚ PUEDES DEMOSTRAR QUE ERES REAL?

MIRA... LAS COSAS COMO TÚ NO EXISTEN. QUIERO DECIR... ¿QUÉ PASA CON ESTE CUERNO?

EN REALIDAD, ES UN COLMILLO.

¿ENTONCES POR QUÉ TE SALE DE LA FRENTE?

¡PORQUE SOY ASÍ DE INCREÍBLE!

ERES BASTANTE INCREÍBLE, SÍ...

¡GRACIAS!

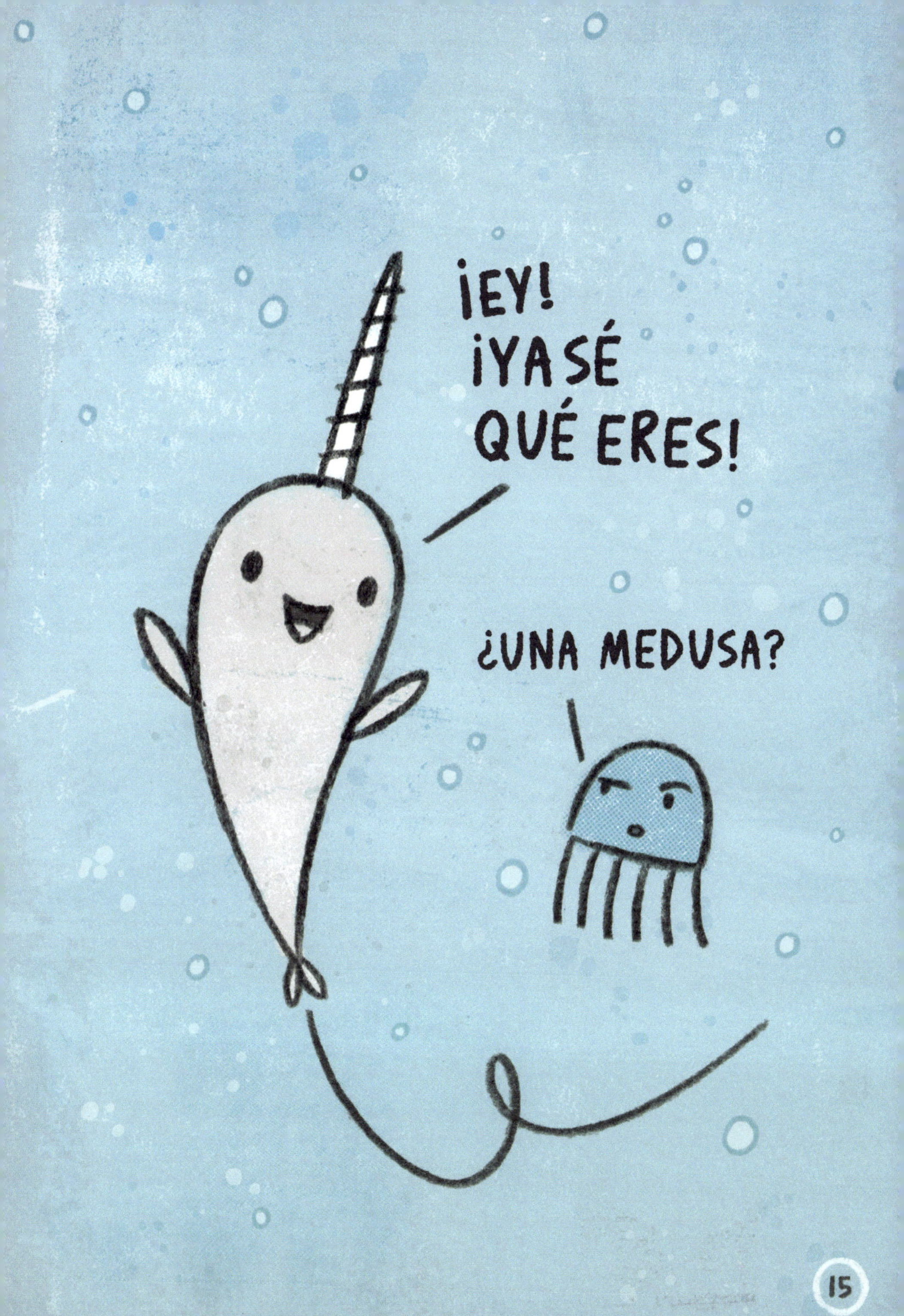
¡EY!
¡YA SÉ
QUÉ ERES!
¿UNA MEDUSA?

¡¡¡UNA AMIGA IMAGINARIA!!!

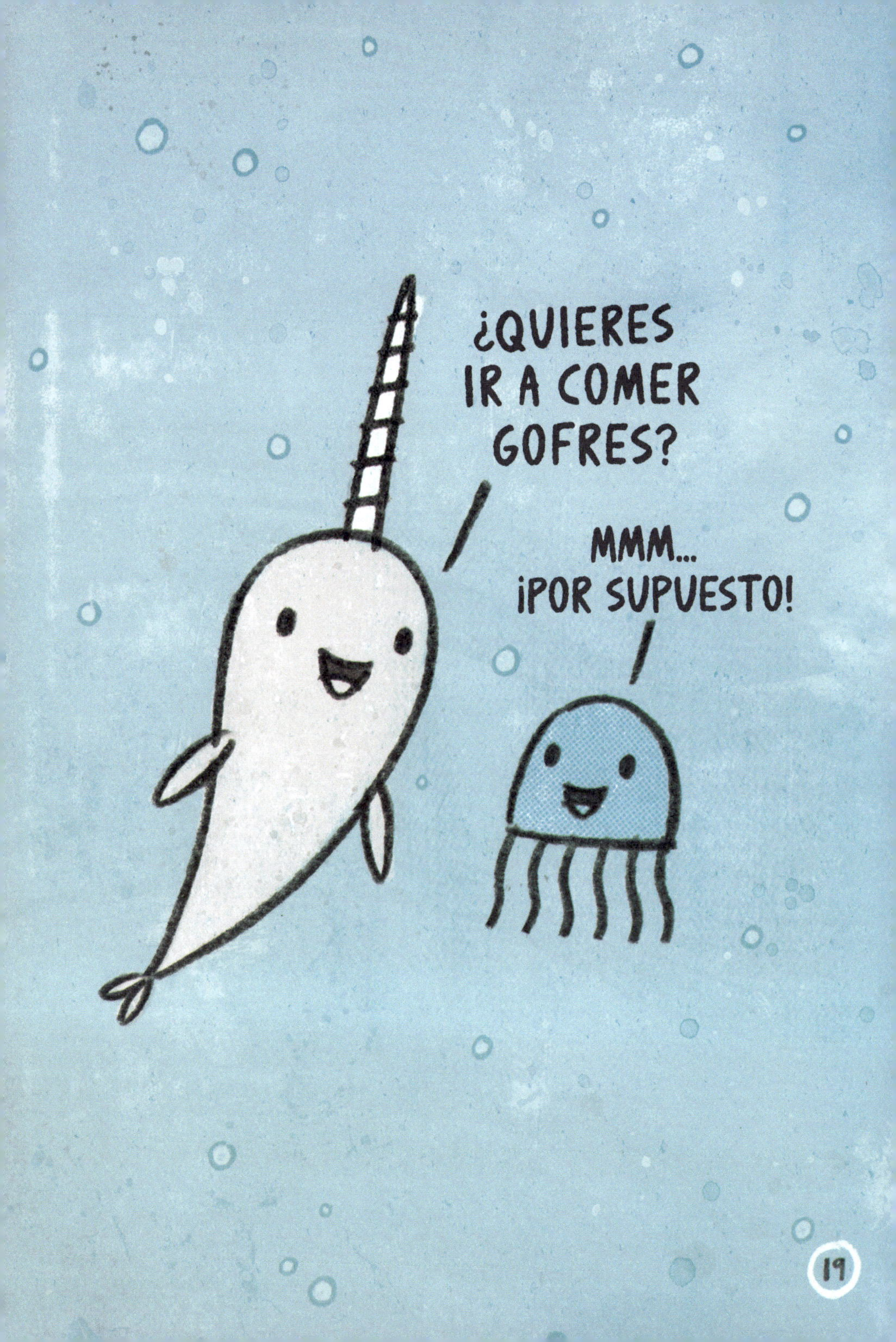
¿QUIERES IR A COMER GOFRES?
MMM... ¡POR SUPUESTO!

DATOS REALMENTE CURIOSOS

¡EL COLMILLO DEL NARVAL, QUE PARECE UN CUERNO, PUEDE **ALCANZAR** LOS 3 m DE LARGO!

¡LO CEPILLO A DIARIO!

¡UAU!

¡SOY INCREÍBLE!

LOS NARVALES PUEDEN PESAR 1600 kg Y CONTENER LA RESPIRACIÓN DURANTE 25 min.

EL RÉCORD DE PROFUNDIDAD DEL NARVAL ES DE 1800 m.

SEGÚN ESTUDIOS RECIENTES, LOS NARVALES PUEDEN VIVIR HASTA 90 AÑOS.

¡UALA! ¿DE QUÉ TIPO DEBO SER YO?

¡DEL TIPO INCREÍBLE!

HAY UNOS 4000 TIPOS DE MEDUSAS EN EL MUNDO.

PERO NO LES PIDAS DINERO.

UN GRUPO DE MEDUSAS SE LLAMA BANCO.

LAS MEDUSAS EXISTEN DESDE HACE MILLONES DE AÑOS, ¡MUCHO ANTES QUE LOS DINOSAURIOS!

ALGUNAS PICADURAS DE MEDUSA PUEDEN SER MORTALES PARA LOS HUMANOS.

LAS MORTALES SE ENCUENTRAN PRINCIPALMENTE EN AUSTRALIA.

LA INCREÍBLE PANDILLA DE NARVAL

PARECE QUE YO HE PERDIDO AL MÍO, POR ESO LO ESTOY BUSCANDO.

NARVAL...

NO CREO QUE PUEDAS ENCONTRAR UN GRUPO DE NARVALES AQUÍ.

TÚ ERES EL ÚNICO NARVAL QUE HE VISTO EN MI VIDA.

EN ESE CASO...

¡ME GUSTARÍA FORMAR UNA PANDILLA!

¿FORMAR UNA PANDILLA?

¡CLARO! ¡Y YA SÉ QUIÉN SE APUNTARÁ!

¡EL TIBURÓN!

ESO SERÁ...

¡ÚNETE A NUESTRA PANDILLA, MR. GLOBO!

¡PULPO! ¡TU JARDÍN ES INCREÍBLE! COMO NUESTRA PANDILLA.

¡NARVAL!

¿Y A MÍ NO ME PREGUNTAS SI QUIERO UNIRME?

¡OH, PENSABA QUE LA ESTÁBAMOS CREANDO JUNTOS! QUIERES FORMAR PARTE DE NUESTRA PANDILLA, ¿VERDAD, MEDU?

MMM, BUENO...

¿QUÉ HACE EXACTAMENTE
UNA PANDILLA?

¡NO ESTOY MUY SEGURO!

PERO IMAGINO QUE UNA PANDILLA JUEGA A UN MONTÓN DE JUEGOS, COME GOFRES, LUCHA CONTRA EL CRIMEN Y...

¡HACE FIESTAS SUPER- INCREÍBLES!

¡ME ENCANTAN LAS FIESTAS!

¡PANDILLÁSTICO!

¡NARIVAL!

¡EY, NARVAL!

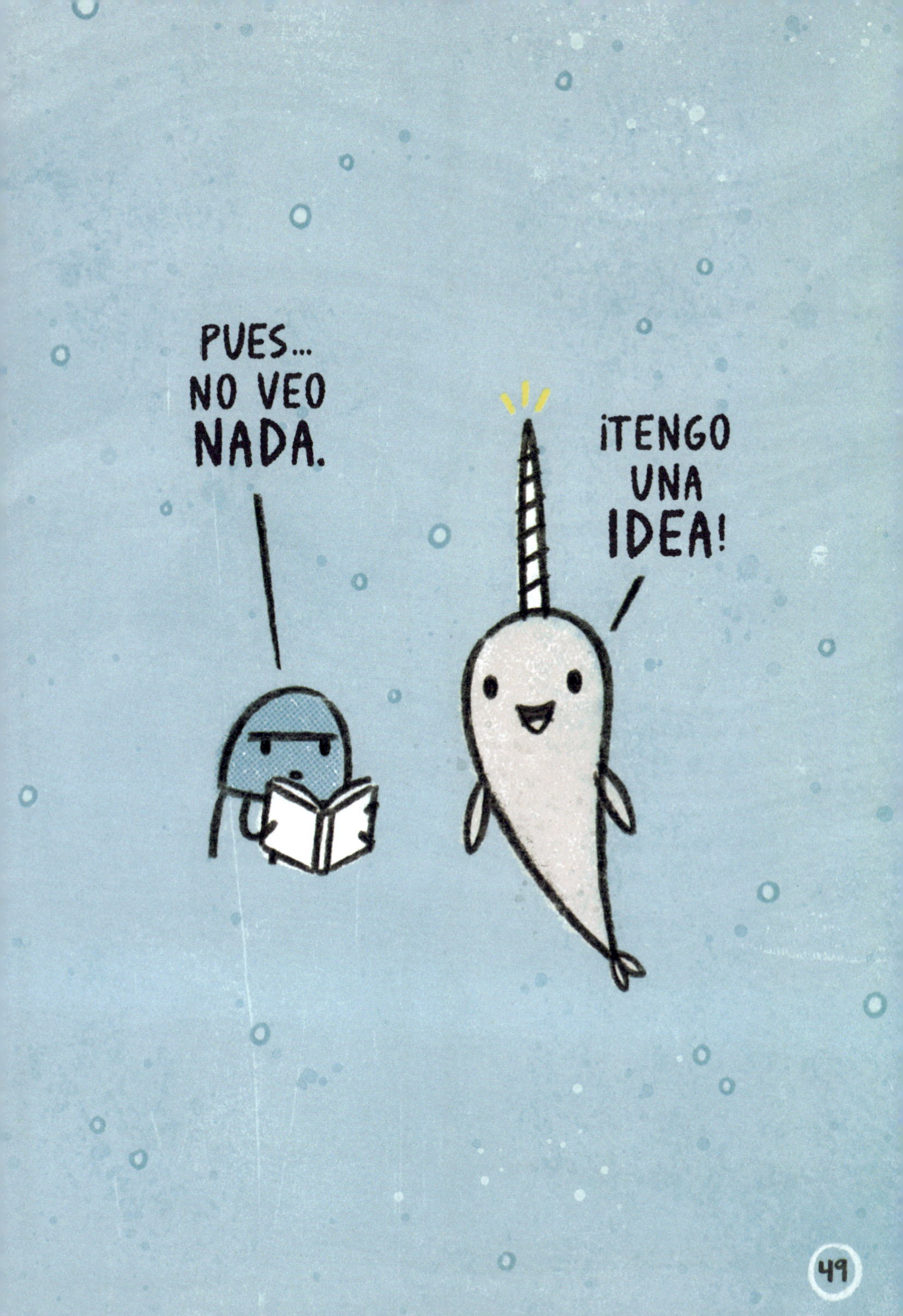
PUES... NO VEO NADA.
¡TENGO UNA IDEA!

PRIMERO CIERRA LOS OJOS.

¿Y AHORA QUÉ?

AHORA PIENSA EN LO QUE MÁS TE GUSTE.

HAZ UNA FOTO DE ESO EN TU CABEZA.

AHORA PIENSA EN **UN ROBOT. UN ROBOT GIGANTE Y FURIOSO.**

¡ME DAN MIEDO LOS **ROBOTS GIGANTES Y FURIOSOS!**

¡LO BUENO ES QUE TU GOFRE
ES UN CRACK DEL KUNG-FU!

¡AHORA ABRE EL LIBRO Y
VERÁS A GOFRE LUCHANDO
CONTRA EL ROBOT!

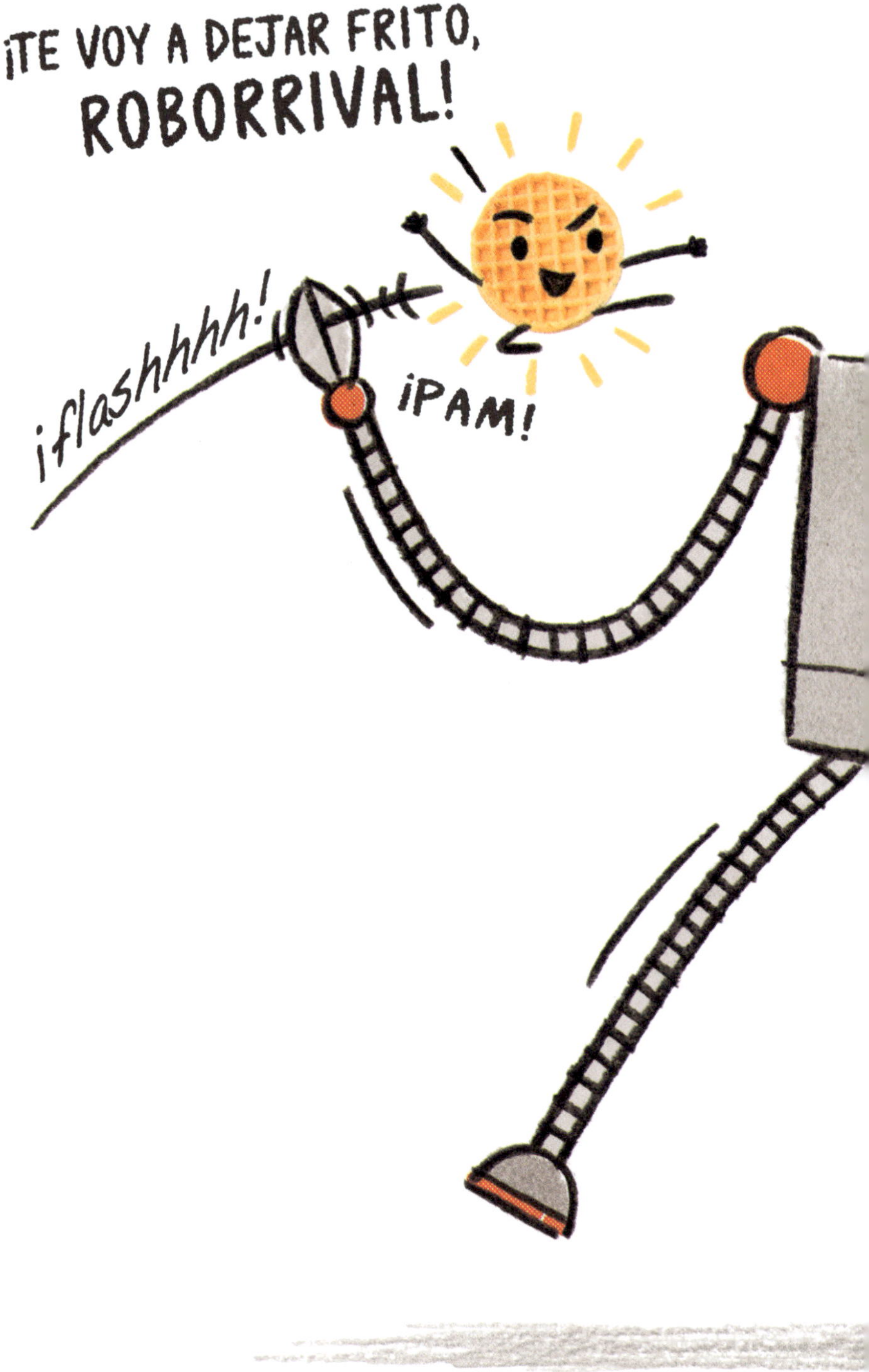
¡TE VOY A DEJAR FRITO, ROBORRIVAL!
¡flashhhh!
¡PAM!

¡TENGO UNA IDEA!
¡GOFRE PODRÍA TENER
UN COMPINCHE!
¡UNA FRESA!

¡BUENA IDEA, MEDU!

¡YA LO HE PILLADO, NARVAL!
¡ESTE LIBRO ES EL MEJOR!
¡PUEDE SER SOBRE CUALQUIER
COSA QUE QUIERAS!

¡GIRA LA PÁGINA!
QUIERO VER QUÉ
PASA LUEGO.

¿QUÉ LE DICE MAMÁ PULPO A SU HIJO ANTES DE CRUZAR LA CALLE?

789

¿ES UN MONO MARINO? ¡PARECE DIVERTIDO!

¡LOS MONOS MARINOS SON MUY BROMISTAS! ¡SIEMPRE CUENTAN CHISTES BUENOS!